Tout pour votre mieux-être

FSC
www.fsc.org
MIXTE
Papier issu
de sources
responsables
Paper from
responsible sources
FSC® C105338

Tout pour votre mieux-être

Colombe

Tout pour votre mieux-être

A mon Papa

A mon Mari

A mes fils

Et à toutes celles et ceux
qui m'ont apporté leur soutien et leur aide

Un Grand Merci également à
Marie-Laure pour sa magnifique Colombe
figurant sur ma couverture.

Tout pour votre mieux-être

Bienvenue à toutes et à tous.

Je suis Colombe. J'habite dans l'Indre, le centre de la France.

Voici mon histoire et le pourquoi de ce livre. A l'âge de 11 ans et demi, j'ai subi un terrible choc : la perte brutale de mon papa... cela m'a beaucoup affectée. C'est pourquoi quelques années plus tard je suis devenue thérapeute pour le mieux-être.

Et puis un jour, j'ai dû arrêter pour des raisons de santé. Cela a été très compliqué et difficile pour moi car cette activité était tout à mes yeux.

Mes mots ne sont pas assez forts pour vous exprimer tout ce que je pouvais ressentir lorsque je voyais les gens aller mieux. Rien que leur sourire me suffisait... Quel bonheur ! Alors, je me suis posée et reposée. J'ai fait la connaissance de l'aloé Véra (la plante aux milles vertus). Celle-ci m'a aidée...

Et un jour, un miracle s'est produit. Nous étions le 28 décembre 2019.

J'ai ressenti le besoin de prendre une feuille et un crayon. Je ne comprenais pas ce qui m'arrivait. Moi qui n'était pas du tout dans l'écriture... Alors, j'ai suivi et écouté cette petite voix. Je me suis mise à écrire des récits sous forme de poèmes. Mon premier écrit a été la nature et puis cela a continué... en passant par les émotions, les fleurs, l'univers, les animaux mais également pour mon entourage (exemple un écrit pour une naissance, un anniversaire…).

Cela m'a beaucoup apporté ainsi qu'à mes proches car ils me disaient que lorsqu'ils les lisaient, ils se sentaient mieux et apaisés. Ils m'ont demandé de les publier. Et le plus drôle c'est que de mon côté, je ressentais la même chose, la même envie.

A partir de ce moment là, j'ai compris ce qu'allait être ma nouvelle activité et ma mission sur cette terre... partager, faire plaisir, continuer à apporter du bonheur et du mieux-être... mais d'une autre façon et avec une méthode différente.

Voici donc mes explications....

Pourquoi ce titre : « Tout pour votre mieux-être » ? Tout simplement parce que c'est un ouvrage complet qui s'adapte à tous, pour tout âge et pour toutes vos réponses.

1) La Lecture :
Elle est faite de mots simples basés sur nos valeurs de base et nos propres valeurs.

2) La Méditation :
Pourquoi ? Tout simplement car quand je les ai fait lire à mes proches, ils m'ont dit qu'ils s'en étaient servis pour leur méditation car ces textes leur procuraient de la détente et de l'apaisement. Alors n'hésitez pas à les utiliser pour n'importe quel moment de la journée et surtout en cas d'instants de faiblesses ou difficiles. Je vais juste vous donner un exemple :

Un jour, une amie travaillant dans les assurances me dit : *Je suis énervée, je bloque sur un dossier..*. Et là, elle se mit à lire un de mes récits. Aussitôt après, elle se sentit détendue, apaisée et trouva la solution... Elle m'en fit part dans la foulée. Comme elle était heureuse et contente ! Et moi donc, j'ai vraiment compris à ce moment là que ces textes n'étaient pas qu'une simple lecture mais bien une aide...

3) Le Coloriage :

Parce que toute personne sait que celui-ci est une thérapie pour le stress et qu'il nous apporte beaucoup. Je me suis dit : Colombe, illustre certains de tes écrits. Et là tout comme l'écriture cela m'est venu tout seul.. J'ai repris mon crayon et j'ai laissé faire les choses... Pour vous apporter tout ceci, je vous ai fait 40 illustrations en fin du livre pour que vous puissiez les colorier.

4) Le Jeu :

Car tout simplement, j'adore m'amuser et amuser autrui. Le jeu est un moment de partage ..

Voici donc son fonctionnement....

Vous pouvez utiliser ce livre de différentes façons. Il sert à répondre à vos questions exemple : Pour ce moment présent qu'ai-je besoin ? Sur quoi dois-je travailler pour me sentir mieux ? Etc... Et là déjà, le titre de votre écrit choisi vous le dira ainsi que les mots écrits dans celui-ci...

1) Fermez vos yeux, pensez à un nombre entre 14 et 138, ouvrez le livre à la page indiquant ce chiffre, ensuite lisez une ou plusieurs fois et vous vous apercevrez que les mots écrits vous correspondent et vous font écho en vous révélant sur ce dont vous devez travaillez. Exemple : vous tombez sur *la douceur...* Soit vous êtes dedans, c'est bien, il faut continuer ainsi. Soit vous en êtes bien loin et on vous demande de vous en approcher ou de faire le nécessaire pour y accéder.

Si vous tombez sur une fleur ou autre, lisez le texte et les mots qui figurent dedans vous expliqueront ce que vous êtes et ce que vous devez faire.

2) Fermez vos yeux, pensez à une question ou pas et ouvrez-le au hasard, puis lisez le texte comme précédemment expliqué .

Bon jeu à toutes et à tous.

Il ne me reste plus qu'à vous souhaiter bonne chance et plein de bonnes et belles choses pour votre présent.

Que ce livre vous apporte autant qu'il m'a apporté : Bonheur, Joie, Lumière, Paix et Amour.

Si vous désirez des renseignements complémentaires vous pouvez me joindre :

36colombe@gmail.com

La Nature

Que la Nature est grandiose,
Que la Nature est merveilleuse.
Quand la Nature ose,
Que la Nature est miraculeuse.
Regardons, Admirons,
Respirons, Ressentons.
Après tout ceci, nous ne pouvons
Que te remercier,
Belle Nature si variée.
Alors à notre tour protégeons
Notre belle et Majestueuse Nature
Qui nous mature
A chaque moment
Et dans chaque mouvement.

La Plante du Bien-être

Toi Aloé Véra qui m'a tant apporté,
Tant au niveau bien-être que santé.
Aujourd'hui je viens tout simplement
T'exprimer tous mes sentiments
De gratitude.
Car sans toi, je ne serai pas avec toute cette attitude.
Tu es magique
Tu es magnifique.
Oh toi Belle et Majestueuse Plante
Qui offre tout ton toi,
Toutes tes vertus pour notre soi,
N'étant jamais dans l'attente.
Oh Plante de Mon Bonheur.
Oh Plante de Mon Cœur.
Un merci n'est rien,
Mille Merci ne forment qu'un.

La Forêt

Toi La Reine de la Nature

Qui nous mature,

En nous accueillant

Si chaleureusement,

Prenant le temps

De nous faire découvrir délicieusement

Tous tes atouts.

Les oiseaux qui chantent

De partout.

Les arbres qui nous enchantent

De par leurs ressources.

Et maintenant à nous de chercher toutes tes autres sources.

La Dame Nature

Paisible Campagne,
Toi qui nous accueille
Pour être ta compagne.
De ton plus beau recueil,
Respirant toutes tes odeurs,
Enveloppées de douceur.
N'osant pas te toucher,
Ton air étant si pur.
Mais toujours à te chercher,
Malgré ton âge mûr.
Campagne d'un jour,
Campagne de toujours.

Le Soleil

Soleil si lumineux
Et si éclatant.
Quel beau cercle généreux,
Toujours aussi resplendissant.
Tu nous réchauffes si fort,
Tu nous illumines tellement,
Avec ton beau jaune et or.
Toujours si gentiment,
Sans rien nous demander.
Tu nous offres toute ta bonté,
Ainsi que toute ta beauté.
Oh Toi Majestueux Soleil.

La Lune

Belle Lune,
Tantôt pleine,
Tantôt demi,
Toujours réjouie,
Tu nous inspires.
Rien qu'à te contempler,
On te respire.
Rien qu'à te regarder,
Avec ta couleur si blanche,
Tu nous fais vibrer,
Comme sur une branche,
Faite de bambou doré.

Le Lever

Joli Lever du Soleil,
S'élevant vers le ciel,
Nous annonçant la venue,
En nous indiquant la rue
A prendre comme détour,
Pour ce nouveau jour.
Afin de mieux nous comprendre
Et d'apprendre,
Toutes les astuces
Pleines de délices,
Ainsi que tous les plaisirs
A venir.
Pour ce jour et pour toujours.

Les Arbres

Vous Arbres si Majestueux
Si Miraculeux.
Nous offrant toutes vos ressources,
Toutes vos sources.
Dans le plus grand respect,
Sans jamais rien nous demander,
Pour notre plus grande joie,
Dans ses plus grandes profondeurs,
Toujours à la hauteur.
Nous permettant de nous épanouir
Et de nous réjouir.

L'Amour

Le mot Amour est fait pour :
Rester dans notre cœur,
Nous illuminer pour toujours,
Nous remplir de bonheur,
Nous rappeler que l'Amour est en nous,
Nous rappeler notre labeur.
L'Amour est parmi nous,
C'est le meilleur.
L'Amour est indispensable,
Est unique.
Il est tout simplement miracle.
L'Amour apporte une vie fantastique.

L'Amitié

Oh Toi Amitié avec tes faces éphémères,
Toutes tes joies,
Avec toutes tes lumières.
Toi qui nous donne le choix,
De vivre une belle et longue
Amitié rien que toi et moi,
Et tout aussi dingue.
Mais vous qui savez accepter,
Tous ces mouvements d'élan.
Alors, vous vivrez dans la sérénité
Et pour longtemps,
Parmi une magnifique légèreté.

Le Désespoir

Oh Grand Désespoir,
Qui se termine toujours
Par l'espoir,
Pour tous nos jours.
Petit désespoir
Ou grand désespoir,
Tu es là,
Comme une tombola,
Un jour gagnant,
Un jour perdant .
Tu es juste une perte d'espérance,
Mais toujours avec de la bienveillance.

Épanouissement

Toi Épanouissement
De toujours.
Grand Épanouissement,
Tu es en nous,
Souvent au plus enfoui
Terré comme un coucou.
Qui ne demande qu'à pousser un cri :
De libération,
D'élévation,
Un cri du fond du cœur,
Juste pour exprimer ton bonheur.
De pouvoir,
Savourer ton savoir,
Pour ton plus grand bien-être,
Et dans le plus profond de ton être.

La Peur

Oh Toi qui nous impressionne.

Toi qui nous met le doute.

Qui nous façonne

Et en même temps qui nous porte.

Te vivre et t'accepter,

Nous permet de te dépasser,

Et tout cela dans la plus grande légèreté,

Dans la plus grande dignité.

Nous apporte tout simplement

Notre liberté et notre soulagement.

Pour aujourd'hui

Et le jour qui suit.

La Sagesse

Belle Sagesse,
Qui es-tu ?
D'où viens-tu ?
Avec toute ta délicatesse.
Tu éblouis,
Tu illumines,
Au plus profond de la nuit.
Quand tout s'anime.
Oh Grande Sagesse,
Toi qui nous apporte la paix.
Oh Grande Déesse,
Toi qui nous apporte ta craie,
Pour écrire
Et pour lire
Dans la plus grande sagesse.

Les Colères

Vous les colères,

Pleines de mystères.

Tantôt bruyantes,

Tantôt violentes,

Mais toujours utiles.

Sortant de notre nombril,

Elles éclatent,

Pour ensuite être comme une allumette

Qui s’éteint,

Comme un frein

Garni de douceur,

Et de bonheur.

La tendresse

La tendresse c'est quoi :
Ressentir de la délicatesse,
Dans tout son soi.
S'exprimer avec politesse,
En y mettant tout son poids.
Abritée sous ton toit,
La tendresse est délicieuse.
La tendresse est majestueuse.
Tout ceci vous comblera
Au plus profond de vous.
Tout ceci vous projettera
La lumière en vous.

La Culpabilité

Qui es-tu ?
Que signifies-tu ?
A part nous tracasser.
Mais après avoir cogité,
Au plus profond
Et à fond.
Tu n'es que dérision,
Tu n'es qu'illusion.
En pensant à toi,
En regardant ton toi,
A présent,
Nous sommes bien présents.
Dans notre plus grande délivrance
Et dans notre plus grande prestance.

Notre Force

Oh Miraculeuse Force,
Toi qui nous porte.
Toi qui nous amorce,
Et qui nous ouvre tant de portes.
Majestueuse et pleine de puissance,
Tu nous délivres,
Tu nous propulses,
Dans le plus grand délire.
Débordante d'énergie,
Remplie de lumière,
Entourée de bougies,
Tu nous sors de nos ténèbres.
Toi notre force d'Amour,
De toujours et pour toujours.

La Joie

Grande Joie,
Enveloppée de soie,
Tu nous animes
Et nous fascines,
Nous délivres.
Tu nous fais vivre
Dans la gaieté,
La légèreté,
C'est si bon.
Qu'on se prendrait pour Apollon.
Tu nous déploies
Le grand chemin de notre voie.

Le Chagrin

Oh Chagrin
Du matin,
Qui nous attriste
Et qui nous rend alarmiste.
Tu nous permets
De nous vider,
D'évacuer
Tous nos déchets.
Alors séchons nos larmes,
Débarrassons nous de nos armes.
Sortons de notre écrin,
Oh toi beau chagrin.

Premier Jour

Premier Jour de l'Année,
Qui naît aujourd'hui,
Et pour l'année.
Tout ébahit,
Rempli de belles choses ,
Rempli de bonnes choses.
Écoutons,
Laissons
Nous guider par notre petite voie,
Par notre cœur.
Eux seuls nous guident dans la joie.
Eux seuls nous guident vers le bonheur.
Afin que cette journée,
Nous apporte gaieté,
Prospérité pour toutes nos idées.
Dans la plus grande légèreté.

La Solitude

Immense Solitude,

Remplie de lassitude,

Pleine d'inquiétude

Et de gratitude.

Saches que tu n'es pas seule,

Même si la vie est pleine d'écueil.

Regardes autour de toi.

Ancres-toi dans ton toi.

Tu comprendras

Et observeras,

Que tu es entourée

Et tellement aimée.

Le Rêve

Beau Rêve,
Toi qui nous met en joie.
Toi qui nous ravive,
Avec toute ta grande foi.
Tu illumines tout notre intérieur,
Avec toute ton énergie,
Avec toute ta force.
Tu nous rappelles la vie.
Que le rêve est apaisant.
Qu'il est magnifique.
Que le rêve est ruisselant,
Que ce rêve est magique.

Le Jeu

Imagine un jeu :
Pleins de surprises,
Pleins de friandises,
Fait d'heureux
Coloriages et d'écrits,
Exprimant ton positif,
Au plus profond de tes cris.
Dans ton plus bel affectif,
Tu trouveras le chemin
Qui t'amènera
Parmi les pèlerins
Et leur belle aura.
Oh jeu Divin.

Le Pardon

Grâce à toi Beau Pardon,
Magnifique Pardon,
Je me délivre.
Je me libère.
Je me pardonne,
Je te pardonne,
Je vous pardonne,
Et avec cela tout est pardon.
Si un jour vous aussi désirez,
Vous aussi éprouvez,
Ce grand besoin,
Ce grand soin,
Alors faîtes.
Mais uniquement si vous êtes prête,
Au plus profond de vous,
En toute conscience de vous.
Merci à toi.

Les Étoiles

Belles et scintillantes,
Dans le ciel tout noir.
Si pétillantes,
Avec tous vos pouvoirs.
Toutes alignées
Ou toutes dispersées,
Vous nous ravivez,
Par toute votre brillance.
Vous nous sublimez,
De toute votre aisance,
Nous apportant force
Et toute espérance.
Oh Belles étoiles filantes.

Voyages

Vous beaux voyages
Qui nous envoyez sur un nuage.
Nous envoyez sur un voilier.
Rencontrer et dévoiler
Des individus masqués d'images,
Nous racontant leurs histoires
Tellement incroyables,
Pleines de savoir,
Dans leur étable
Des souvenirs du soir.
Vous qui nous portez,
Qui nous transportez
Avec tous vos bagages.

Les Hommes

Hommes d'hier,

Hommes d'aujourd'hui,

Venus de votre clairière

Et revêtus de suie.

Vous si forts,

Regardez votre corps

Si agile,

Mais à la fois si fragile,

Qui ne demande qu'à être dorloté,

Par votre délicatesse

Et toute votre richesse.

Oh vous Hommes de l'Univers.

Les Femmes

Nous Femmes de partout.
Femmes de tout temps,
Pleines de remous
Remplies de présents.
Apportant la vie,
Apportant l'énergie,
Accomplissant un grand labeur,
Qui s'effectue avec bonheur.
Notre force est le courage.
Notre force est notre combat
A tout âge,
Dans les hauts comme dans les bas.
Nous sommes juste des Femmes.

Les Enfants

Oh vous Enfants de la terre.

Enfants de Lumière,

Regardez comme vous êtes beaux,

Intérieur comme extérieur.

Garder votre sourire,

Votre joie de rire.

Savourez chaque moment

A pleine dent.

Conservez votre joie de vivre.

Ouvrez vos livres

Et vous apprendrez ce que votre cœur

A besoin pour votre plus grand bonheur.

Notre Terre

Oh Belle Terre

Toi qui est si unique.

Qui nous serre

Nous fabrique

Nous fait vivre.

Nous nourrit

Qui nous fait rire

Nous éprit

Nous apprend

Un grand merci à toi.

Tu nous apportes tellement

Sur notre soi.

Mais nous humains,

Ne voyons que nos mains

Et non ton potentiel.

Le Printemps

Printemps première saison
Qui nous arrive à l'horizon.
Mais qui nous éblouit
et nous épanouit,
De part tous tes bourgeons
qui commencent à éclore.
Ta chaleur que nous ressentons
Sur notre corps.
La journée remplie de rires
Pour n'en plus finir.
Le printemps
C'est juste prendre le temps.

L'Été

Été deuxième saison
Qui nous fait perdre notre raison,
En nous parlant des vacances.
Avec ta plus grande élégance,
Toi qui nous apporte la chaleur,
Pour notre plus grand bonheur.
Des journées plus longues
Faites de blagues
Entre repos et loisirs
Pour notre immense plaisir .
Oh toi Été charmant
Été plaisant.

L'Automne

Automne troisième saison
Toi qui nous ramène à la raison.
Qui nous ouvre ta maison
Pour ne plus être dans l'abandon.
Ton paysage est si varié :
Avec tous tes arbres recouverts
de feuilles si mélangées.
On ne peut que rester les yeux grands
ouverts,
A contempler également ta petite brise,
Qui nous emprise
Et qui nous bichonne.
Oh Magnifique Automne.

L'Hiver

Vigoureux hiver,

Toi qui nous aspire

A te regarder de nos chaumières.

Afin que notre inspiration transpire,

Ton froid saisissant,

Nous laissant tout frissonnant,

En chantant et marchant

Sur ton manteau tout blanc,

Recouvert de douceur

Et plein de saveur.

Les saveurs d'hiver

Qui nous transfèrent.

Les Colibris

Petits oiseaux
Si petits et si fragiles,
Vous êtes si beaux
Avec toutes vos couleurs
Si belles et si variées,
Que l'on reste bouche bée.
En regardant votre beauté,
En vous regardant vous déplacer,
A vous regarder voler,
Vous nous épatez.
Vous qui nous montrez le chemin
De la grande sagesse,
Pour aujourd'hui et pour demain.

La Colombe

Belle Colombe,
Jolie Colombe,
Envoles-toi et vole.
Tournoie et survole
La terre
Qui nous terre.
Regarde comme elle est ronde.
Regarde comme elle est grande.
Cherche ses beautés,
Recherche ses secrets,
Elle t'apprendra
Qu'avec elle tu vivras
Dans le bonheur.
Si tel est ton labeur
Dans la joie
Si tel est ton choix.

Les Roses

Roses de toujours,
Symbole de l'Amour.
Roses blanches signifiant la pureté.
Roses jaunes signifiant l'amitié.
Roses oranges le désir ardent d'un amour caché.
Juste de vous regarder, vous nous comblez.
Roses roses annonçant la tendresse.
Vous toutes réunies,
Vous dégagez un parfum si fourni
Que vous nous plongez dans votre grande sagesse
Oh Roses de l'Amour.

Le Coquelicot

Toi Coquelicot si génial,
Avec ton allure idéale.
Toi nommé pavot sauvage,
Pavot des champs,
Avec tous tes alliages
De tout temps.
Tu nous apportes la tranquillité,
Le repos et la consolation
Dans la plus grande légèreté,
Et la plus grande attention.
Avec ton rouge éclatant,
Qui nous laisse tout rayonnant.

Le Tournesol

Fleur du soleil,
Qui suit le soleil.
Nous transportant toute ta chaleur,
Pour notre plus grand bonheur.
Toi si jaune,
Tu nous rappelles la faune.
Si grand,
Tu es si attachant,
Que te regarder,
C'est juste découvrir la beauté,
Dans sa plus grande splendeur,
Et dans toute sa vigueur.

L'Arum

Magnifique Arum,
Toi symbolisant l'âme.
Symbolisant la confiance.
Ayant l'allure d'une grande dame.
Nous apportant toute ton assurance,
Nous montrant
Le chemin à emprunter,
Pour trouver le bonheur durant
Dans la plus grande dignité.
Fait de rayons resplendissants,
Fait de chaleur si intense,
Tu nous apportes un tel silence.

Le Lilas

Oh toi qui est la première fleur à fleurir.
Et qu'on ne pense qu'à cueillir,
Tellement ton parfum nous enivre.
Tu nous éblouis
De par tes multiples couleurs,
Qui nous apporte tant de fraîcheur.
Tu représentes le printemps,
Que l'on attend avec empressement.
Tu es la fleur parfaite,
Pour déclarer nos sentiments si honnêtes.
Nous amenant l'innocence et la pureté,
Avec toi c'est la légèreté.

La Jacinthe

Jacinthe de nos jardins,
Que l'on admire le matin.
Toi qui nous apporte la joie de vivre.
La messagère de tous nos espoirs,
Pour nos plus grands délires
Et pour nos pensées du soir.
Toi qui nous amène la fidélité
Avec grande délicatesse.
Nous offrant un parfum d'une grande
finesse,
Ainsi que la joie d'aimer.
Avec tes petites fleurs bouclées
Appelées clochettes
Toi Jacinthe si secrète.

La Jonquille

Fleur de nos forêts.
Oh toi la fleur de partout,
Toi qui est si vraie
Qui nous annonce le printemps tout fou.
Toi avec ton beau jaune
Qui nous rappelle le soleil.
Te regardant de sur notre trône,
Écoutant ton conseil
Qui est le signe du bonheur à venir,
Pour notre avenir.
Oh toi fleur de l'amitié fidèle,
Toi notre modèle.

Le Muguet

Oh toi qu'on fête le premier mai.
Grand symbole du bonheur.
Toujours si frais,
Toujours à la hauteur,
Tu représentes la pureté absolue.
Tu représentes la fragilité.
Toi si connu
Et toujours dans l'honnêteté,
Avec ton parfum si odorant.
Tes fleurs en forme de clochettes.
Tu es si attachant,
Qu'on te glisserait facilement
dans notre pochette.
Toi notre porteur de chance.

Le Jasmin

Arbuste aux feuilles vertes foncées
Et aux couleurs étoilées.
De couleur jaune ou blanc,
Tu es si attirant
De par ton symbole de beauté.
Tu nous apportes la prospérité
Ainsi que la chance.
Avec ta grande force,
Doté d'une grande modestie,
D'une grande diplomatie,
D'une grande sensualité,
Qui nous réjouit pour la journée.

Le Mimosa

Fleur du midi.
Toi fleur du soleil,
Qui nous étourdit
Par tant de merveilles :
Resplendissant de lumière,
Nous administrant ta sécurité,
Nous procurant ton atmosphère,
Pleine de puissance
Pleine de certitude
Avec une grande chance
Accompagnée de ta grande attitude,
Faite d'empathie
Faite de sympathie.

L'Iris

Oh toi qui nous dit bonjour

Au milieu de l'été,

Chaque jour.

Toi qui est la royauté.

Grand messager des nouvelles

Des nouvelles si belles,

Épris d'une grande sagesse

Dans la plus grande délicatesse.

Symbole de la confiance,

Plein de méfiance,

Nous apportant tout ton courage

Pour tous nos âges.

La Primevère

Toi la fleur de l'arrivée du printemps.
Présente à l'intérieur comme à l'extérieur.
Vivant longtemps,
Afin de nous procurer tout ton bonheur.
Symbole de la jeunesse,
Associé à toute ta politesse.
Symbole de l'innocence,
Associé à toute ton apparence.
Toi qui ouvre le chemin
Vers des richesses féeriques,
Tous les matins
Avec ton air magique.

La Lavande

Toi qui incarne la beauté féminine.
Considérée comme la plus délicate et
précieuse.
Oh toi si délicieuse,
Toi si fine
Nous fournissant la tranquillité,
Accompagnée d'une grande sérénité
Avec en plus une grosse poté de tendresse.
Faite de délicatesse,
Ton parfum si envoûtant
Et à la fois si apaisant,
Ta couleur violette
Qui nous rend toute aveuglette.

La Marguerite

Nommée œil du jour.

Connue pour ton nouveau commencement.

Plein d’espoir pour toujours.

Symbole de la grandeur.

Symbole de l’estime.

Toi si sublime

Toi pleine d’ardeur .

Tes couleurs

Simples ou doubles

Nous comblent de bonheur.

Si noble

Avec toute ta simplicité.

Le Dahlia

Fleur de la séduction,
Nous apportant des messages agréables
De remerciements,
Doté de ta plus grande attention.
Si convenable
Et dit adroitement
Que tu nous laisses tout étonné.
Avec tes pétales rondes ou enroulées,
Tes pétales tachetées ou unies,
Tu nous abasourdis
Par ton allégresse
Qui ressemble à une déesse.

Le Trèfle

Fleur du porte bonheur
Et de toute heure.
Toi composé de feuilles vertes
Qui nous apporte découvertes,
Pour tout notre bien.
Ne demandant rien,
Tu es toujours présent
Et pour longtemps
Dans nos cœurs
Tout en profondeur.
Toi qui nous illumine
Et nous fascine.

Le Rat

Oh Le rat
Premier signe de l'horoscope chinois.
Venant pas à pas,
Nous apportant la chance et à la fois
Toute la prospérité.
Toi si futé
Si débrouillard,
Sortant de ton brouillard,
Si autonome et polyvalent.
Avec ton esprit imaginatif,
Si intelligent
Tu nous fascines avec ton sens si objectif.

Le Bœuf

Le Bœuf
Deuxième signe de l'horoscope chinois.
Nous présentant ton bel œuf
Fait de bois.
Plein de tendresse,
Plein de délicatesse,
Rempli d'attention,
Avec toutes tes relations si profondes et unies.
Toi avec ta grande puissance
Et ta persévérance,
Tes amis c'est pour la Vie .

Le Tigre

Le Tigre
Troisième signe de l'horoscope chinois.
Ton élément étant le feu et à la fois
Considéré comme un ogre,
Tu nous surprends par ton aspect si compétitif.
Si combatif,
Rempli d'énergie,
Avec ton allure si imposante,
Tu es plein de vie.
Dégageant une si grande chaleur humaine
Que tu nous impressionnes !
Si lointain
Et à la fois si près, tu nous cramponnes.

Le Lièvre

Le Lièvre

Quatrième signe de l'horoscope chinois.

On ne demande qu'à te te suivre.

Toi qui nous reçois,

Avec toute ta douceur

Et ta bonne humeur.

Retombant toujours sur tes pattes,

Détestant la bagarre,

Assis sur des lattes.

Mais rapidement tu redémarres

Avec toute ta grande prestance

Et dans la plus grande bienveillance.

Le Dragon

Dragon

Cinquième signe de l'horoscope.

Apportant dans ton wagon

Toute ta puissance sans faire de syncope.

Symbole de l'ambition.

Capable de grandes décisions,

Déterminé et très tenace

Sans laisser de traces.

Toi si généreux,

Plein d'entrain,

Tellement courageux

Et toujours présent pour ton prochain.

Le Serpent

Le Serpent
Sixième signe astrologique.
Toi l'animal le plus énigmatique.
Très prévoyant,
Qui intrigue et effraie.
A la fois qui fascine et balaie,
Pour nous ramener ton plus grand calme.
Toi grand séducteur,
Grand solitaire,
Notre bel annonceur
De nouvelles si spectaculaires.
Oh Serpent de tout temps.

Le Cheval

Le Cheval

Septième signe astrologique.

Toi si libre et si loyal,

Tellement logique

Qui sait faire

De belles choses.

Toujours complémentaire,

Toi qui oses

Montrer toute ton élégance,

Tout en te montrant

Dans ta plus grande aisance

Et toujours si captivant.

La Chèvre

La Chèvre
Signifiant le huitième signe.
Toi qui nous délivre
Tout ton sens de l'écoute et gagne
Toute notre admiration pour ta tranquillité,
Ta grande timidité,
Ton calme.
En échange reçois la palme,
Pour tous tes talents artistiques
Tellement fantastiques.
Oh toi la grande rêveuse
Si silencieuse.

Le Singe

Le Singe

Neuvième signe astrologique.

Toi le plus habile et tout en décalage,

Extraverti et si stratégique.

Astucieux

Et grand radieux,

Capable d'une grande adaptation

Associée à une immense inspiration,

Tu nous fascines par ton goût

De passion pour tout.

Toi le grand bout en train

Pour aujourd'hui et pour demain.

Le Coq

Toi le Coq si actif
Dixième signe.
Communicatif,
Qui nous témoigne
Le début de la journée,
Dans la plus grande rosée.
Avec ta grande confiance
Dans toute ta prestance
Toi qui aime briller.
Mais tellement appliqué
Que tu nous éblouis
Pour la vie.

Le Chien

Toi le Chien si loyal

Onzième signe astrologique chinois.

Tellement amical

Et courtois.

Ave toute ta fidélité et ta prestance,

Doté d'une bonne confiance

Reçois toute notre admiration,

Pour toutes tes actions

Toi qui vont jusqu'au bout,

Toujours avec goût

Dans la plus grande douceur,

Pour notre plus grand bonheur.

Le Cochon

Toi le Cochon bienveillant
Dernier signe astrologique.
Toujours sympathique
Endurant et persévérant,
Appréciant les bonnes choses de la vie.
Tout en diplomatie,
Très modeste,
Et honnête
Tu nous apprends les qualités profondes
Qui vont se fondre
En nous et pour toujours,
Pour notre grand parcours.

Le Jour

Unique et beau Jour.
Te présentant par un grand bonjour
Nous montrant le merveilleux
Et majestueux
Lever du soleil,
Avec toutes ses merveilles
Qui se manifestent toute la journée,
En nous apportant de la gaieté
Du réconfort et de confort.
Que tout notre corps se colore de couleur or.
Le jour nous semble si long.
Mais à la fois si court de par tous ses sons,
Il nous fait vivre et nous apprend
Toutes les richesses de notre terre tranquillement,
Au rythme de chacun,
Pour notre propre chemin.

Votre Ange

Il est tout simplement votre lumière.
Au-dessus, autour ou dans votre air
Il est là à tout moment,
Pour vous guider délicatement,
Pour vous guider dans vos choix.
A la fois
Aussi délicat qu'ambitieux,
Il vous rendra heureux.
Votre Ange est présent,
Toujours rassurant.
Pour cela, il suffit de lui demander
Et vous serez exaucé.

L'Inspiration

Oh toi magnifique inspiration,
Qui est une grande addition
De belles pensées,
Des plus folles aux plus variées.
Tu nous ravives
En nous apportant des idées massives.
Tu nous illumines
De sensations si fines.
Que notre esprit et notre corps
Ne peuvent qu'éclore,
Pour s'envoler
Voler et tournoyer,
Dans la plus grande légèreté
Et pour notre plus profonde clarté.

La Tolérance

Oh mystérieuse Tolérance
Qui s'acquiert par le silence.
Oh mystique Tolérance
Qui se balance
Entre le calme et la force.
Afin de pouvoir se contrôler
Et pouvoir aider
Notre environnement dans la douceur,
Avec notre plus belle hardeur.
Toi qui nous apporte notre équilibre
Et qui nous rend libre,
Avec toi rime la délivrance
Accompagnée d'une grande puissance.
Voici vraiment ce qu'est la Tolérance.

La Sincérité

La sincérité est bien loin des beaux mots.
La sincérité est bien loin des longs mots,
Que l'on ne comprend pas toujours
Tellement ils sont flous et lourds.
La sincérité c'est juste les actions
Que l'on fait avec grande attention.
La sincérité c'est juste la bienveillance
Que l'on communique avec grande vigilance.
La sincérité c'est juste réagir
Avec notre plus beau sourire.
La sincérité c'est tout simplement
Être soi pour son plus bel épanouissement.

Le Respect

Oh toi grand respect
Si concret,
Respect extérieur
Comme respect intérieur.
En t'acceptant avec simplicité,
Tu nous apportes toute ta légèreté,
Ainsi qu'une immense libération,
Pour s'envoler vers l'élévation.
Tu nous remplis de tant bonheur.
Que tout notre corps se met au labeur,
Pour accomplir notre belle mission,
Qui n'est qu'autre que notre évolution.

La Fidélité

Noble Fidélité
Toi qui rime avec sincérité
Et parfaite honnêteté.
Tu es le symbole de la légèreté
Et d'une sublime gaieté.
Tu es la santé,
Au sein d'un couple ou amitié,
Ainsi qu'une grande stabilité
Pour une formidable tranquillité.
Tu nous apportes ta remarquable pureté,
Tant méritée
Avec toute ta fermeté et ta clarté.

L'Écoute

Toi, l'Écoute si indispensable
Et tellement remarquable,
Mais qu'on a tant de mal à faire.
Du coup, on effectue le contraire.
Cela a l'air si facile
Mais tout aussi difficile.
Et pourtant lorsqu'on le pratique,
C'est juste magique et magnifique.
L'écoute nous apporte une telle douceur,
Que l'on devient un grand rêveur,
Enveloppé d'un calme admirable,
Qui nous rend formidable.
L'écoute est la libération
Qui nous propulse vers l'élévation.

La Douceur

Oh délicate Douceur,
Venue du plus profond de notre cœur.
Tu es si apaisante
Et à la fois tellement relaxante.
Tu nous combles de bonheur,
De par ta grande teneur.
Tu es le souffleur
De toutes nos saveurs,
Ainsi que notre équilibre
Qui nous recalibre.
Oh belle Douceur
Si pure et toujours de bonne humeur.

L'Acceptation

Extraordinaire Acceptation
Quand tu n'es plus qu' adaptation.
Avec une grande motivation,
Tu deviens construction.
Bonifiée d'une majestueuse purification
Et d'une étonnante respiration,
Tu contribues à la source de notre bien-être
Et au plus profond de notre être.
Tu nous permets de comprendre
Ainsi que d'apprendre,
L'histoire de notre chemin
D'aujourd'hui et de demain.

L'Espoir

Présent tous les jours
Et qui nous dit bonjour.
Toi gigantesque espoir
Nous disant le bonsoir.
Tu nous fais vivre
En nous rendant libre.
Pensant à toi très fort,
Tu remplis notre corps
De si belles espérances
Et de si grandes tolérances,
Que nous ne pouvons que penser qu'à toi.
Toi qui ouvre notre voie.

Le Calme

Oh toi tranquille Calme
Que l'on acclame et nous arme
D'une immense douceur.
Nous apportant de grandes valeurs
En nous rendant vainqueurs,
Nous procurant l'âme d'un grand rêveur,
Avec tous tes honneurs
Et ses magnifiques saveurs.
Oh toi calme indispensable
Et à la fois si vulnérable,
Paisible calme,
Tu es celui qu'on aime.

La Guérison

Oh Miraculeuse Guérison

Qui nous vient d'un autre horizon.

Tu nous arrives sans raison

Et surtout sans trahison.

Tu nous amènes une grande vision.

Démunie de tout poison

Et tout cela ne forme qu'une belle floraison,

Pour l'intérieur de notre maison.

Quelle magnifique livraison

Et qui est sans terminaison.

Alors savourons !

Et remercions cette fabuleuse guérison.

Surprise

Surprise étonnante
Surprise surprenante,
Tu nous arrives
Toute interrogative,
Mais jamais sans hasard
Et tout aussi bizarre.
C'est ça une surprise à la fois
Qui nous amène de la joie,
Mais aussi de l'énergie,
Pour améliorer notre mode de vie.
Que deviendrait-on sans toi ?

L'Olivier

Grand Olivier
Représentant la force
L'espérance, la tolérance
Et une grande abondance.
Tu es également la sagesse
Ainsi que la richesse .
Tu symbolises aussi l'immortalité
Et la fidélité,
Avec tes olives si délicieuses
Et juteuses.
Ta floraison de mars à mai,
Tu es tout simplement le signe de la Paix.

L'œillet

Premier anniversaire de mariage
Qui nous envole sur notre premier nuage.
Symbole du romantisme et du désir,
Qui nous comble de plaisir,
Symbolisant la passion
Alliée avec toute ton attention.
Avec ta couleur rose : amour d'une mère
pour son enfant.
Avec ta couleur blanche : passion fidèle.
Ton parfum si puissant,
Ta sensualité si frêle,
Oh toi la fleur de la fête des Mères.
Oh fleur de la Lumière.

L'Azalée

Oh toi la plante très populaire
Et si solaire,
Nous apportant la joie d'aimer
Et d'être aimée.
Messagère de notre bien-être,
T'admirant posée sur notre fenêtre.
Messagère du bien-être d'autrui
Tu nous épanouis et éblouis,
De par ton palmarès
Et de tous tes succès,
Due à toutes tes formes si souples
Et tes couleurs si multiples.

L'Orchidée

Plante ornementale
Et sentimentale,
Tellement gracieuse
Et délicieuse.
Nous apportant la force
Qui nous renforce,
Par tout ton Amour
Qui nous dit bonjour.
Tout en beauté
Et dans la plus grande simplicité,
Toi le mythe de la femme idéale
Et toujours géniale

Le Géranium

Géranium des balcons
Avec toutes tes illuminations.
Géranium des parterres
Plein de mystères.
Toi qui incarne l'Amitié
Ainsi que la sociabilité.
Avec ton extrême gentillesse,
Tu nous combles avec ta promesse
De nous éloigner les moustiques
Si maléfiques.
Toi notre Sauveur
Et notre Porteur de Bonheur.

Le Lotus

Considéré comme la fleur Sacrée

Symbolisant la féminité

Ainsi qu'une grande sagesse,

Dotée d'une puissante délicatesse.

Tu nous apportes ton calme

Avec ta grande palme.

Tu nous rallies

Tu nous éblouis

De par ta prestance

De par ta contenance.

Oh beau Lotus

Tant attendu !.

Le Bouton d'Or

Fleur des prés
Pleine de vivacité,
Nous fournissant ta joie de vivre,
Qui nous délivre
Ton amour joyeux
Et si heureux,
Qui nous comble de tendresse
Et de délicatesse
Si futile.
Avec tes moqueries gentilles,
Toi et ton jaune si éclatant,
Tu es juste resplendissant.

L'Admiration

Belle Admiration
Qui rime avec déclaration.
Tu nous illumines.
Tu nous fascines
Par toutes tes merveilles,
Qui nous conseillent
Et nous réconfortent,
Elles seules nous transportent
Au plus enfoui
De notre bel abri.
L'Admiration est juste exceptionnelle
Mais également sensationnelle.

La Méditation

Est bien loin d'une répétition.
C'est juste une magnifique adaptation,
Par notre profonde respiration,
Nous apportant une grande évolution
Pour une merveilleuse purification.
Elle nous éloigne de la pollution
En nous laissant une belle protection.
Elle a besoin d'une excellente motivation
Pour nous amener une solide construction
Sans aucune réaction,
Ni réclamation.
Toi Méditation notre délicieuse formation.

La Délicatesse

Délicieuse Délicatesse
Pleine d'allégresse,
Tu es d'une grande diplomatie.
Dotée d'une extrême sympathie,
Tu nous enveloppes d'une telle douceur,
Que tout notre corps se remplit de chaleur,
Associée à de grandes valeurs
Comme ton regard charmeur,
Ton air si blagueur,
Ta délicate odeur
Du coup, tu nous apportes que du bonheur
Et beaucoup de bien-être dans notre cœur.

Un sourire

Faire un beau Sourire :
C'est tout simplement aboutir
A ce qu'une personne s'admire
Qu'elle se désire
Qu'elle respire
Et qu'elle aspire
A tous ses grands délires
Sans devoir les lire
Ni les relire.
Recevoir un sourire
C'est recevoir un éclat de rire.

L'Abandon

Toi qui commence par un immense
abandon
Et qui finit par un sacré don.
Celui du grand pardon,
S'effectuant sur un magnifique guéridon.
Se sentant abandonner
On se croit isoler
Mais non au contraire
Car au fond de notre clairière.
Nous sommes très entourés
Et entièrement chouchoutés,
D'une façon visible
Ou invisible.
Alors bye bye Abandon
Hello, les compagnons.

L'Émerveillement

Splendide Émerveillement
Tu es tout simplement l'aboutissement,
D'un magnifique état d'esprit,
Qui nous rend tout ébahi.
Tu nous combles d'une immense douceur,
En nous enveloppant d'un grand bonheur.
Tu nous apportes une grande zénitude
Accompagnée d'une formidable plénitude.
Toi bel émerveillement,
Tu nous remplis si affectueusement
De tant de belles et bonnes choses
Dont tu disposes.

La Gratitude

Généreuse Gratitude
Remplie d'une grande plénitude.
Avec beaucoup de servitude,
Comblée d'une immense zénitude
Tu es juste extraordinaire.
Sans vouloir te faire connaître,
Tu nous apportes le meilleur
Avec ta plus grande douceur.
Nous te disons toute notre sincère
reconnaissance
Accompagnée de notre grande
bienveillance
Un grand Merci
Mille Merci.

La Relaxation

Oh toi agréable Relaxation
Qui n'est qu'une formidable démonstration,
D'une grande libération
D'une parfaite préparation,
De mouvements sans précipitation
Accompagnés d'une minutieuse adaptation,
De gestes effectués avec beaucoup de précaution
Et faits avec une forte motivation.
La relaxation est tout simplement la construction,
Pour que notre corps soit en pleine évolution
Vers sa divine purification,
Dans le but d'une magnifique élévation.

Le Bonheur

Oh toi Majestueux Bonheur
Qui se vit à toute heure,
Avec bonne et belle humeur.
Toi venu d'ailleurs
Plein d' hardeur,
Accompagné d'un grand labeur.
Toi le grand créateur
Nous amenant et nous apprenant les odeurs
Ainsi que les couleurs.
Tu nous combles de tant d'honneur
Avec toute ton immense douceur.
Toi le magnifique fondateur
De notre grand cœur.

La liberté

C'est juste vivre dans la légèreté
Être dans la gaieté
Pour l'éternité.
Apprendre la tranquillité,
Comprendre ses désirs
En se faisant plaisir.
Appliquer ses propres choix
D'aujourd'hui et d'autrefois.
La liberté est notre libération
Avec une immense motivation,
Pour notre grande élévation
Aboutissant à notre purification.

Le lâcher-Prise

Le Lâcher-Prise nous permet
De nous libérer
De nous délivrer
De retrouver notre vivacité et notre légèreté.
Il nous sort de notre emprise
Et souvent à plusieurs reprises.
Il est juste notre sauveur
Pour accomplir notre chemin
Pour aujourd'hui et pour demain.
Il est notre remède
Parfois si doux et si raide,
Qu'il nous apporte la guérison
Pour toutes les saisons.

L'Honnêteté

Grande Honnêteté
Avec toute ta lucidité
Existes-tu encore ?
Es-tu emprisonnée au plus profond de ton corps ?
Si tel est le cas
Alors sort vite de ce fracas.
Regarde comme l'honnêteté est belle
Et si frêle.
C'est tout simplement la franchise envers tout
La franchise envers tous.
Ce serait tellement merveilleux
De vivre avec cet esprit si majestueux
Vive la légèreté
Vive l'honnêteté.

Le Partage

Unique et indispensable partage
Connu pour tes deux virages :
L'un de savoir donner
L'autre d'accepter.
Dans les deux cas, ne rien attendre,
Juste rester tendre.
Le partage se fait par hasard
Loin des regards.
Il est tout simplement magique
Et magnifique.
Le partage est notre équilibre
Il nous rend libre.
Le Partage c'est la Vie.

L'Univers

Toi si grand et vaste
Défini ou indéfini
Toi avec tous tes contrastes,
Tu nous relies
Avec tout et rien.
Tu nous apprends les choses.
Fais découvrir les tiens.
Tu nous les déposes :
Et à nous de les prendre
Ou à nous de les rendre.
Toi seul c'est ce qui est juste
Ce qui est bon.
Nous qui sommes robustes
Alors agissons avec raison.

La Lumière

Oh Resplendissante Lumière

Venue d'une belle clairière,

Abritant une magnifique chaumière.

Toi notre nourricière

Nous apportant toutes les matières :

Premières et dernières

Issues de ta bonbonnière

Nous amenant le bon air,

Celui qui nous fortifie

Nous illumine pour notre vie,

En réchauffant notre esprit et notre cœur

Pour notre plus grand bonheur.

Notre Chemin

Notre chemin est celui
Que l'on choisit.
Il peut être parfois
Rempli d'espoirs
Et se bonifie petit à petit
Aboutissant à une belle vie
Ou un peu chaotique
Mais qui peut finir magnifique.
Si on le souhaite
Et le désire comme une grande fête.
Il est le vecteur
De notre moteur.
Toi chemin porteur de Lumière
Toi notre guide plein de mystères.

La Paix

C'est une chose sans essai

Juste vraie.

C'est un sentiment si épais

et recouvert d'un voile si frais.

Il arrive sans délai

Uniquement avec son air gai.

La paix est universelle.

Elle est si belle

Elle est pure

Et tellement mûre.

La Paix est la source de notre bonheur

Ainsi que de notre cœur.

Être Bien

Être bien

Comme se sentir bien,

C'est de dire les choses telles qu'on les ressent.

C'est agir honnêtement

Avec son cœur,

Pour son plus grand bonheur.

C'est de rester sincère

Pour retrouver ses beaux repères.

C'est d'envoyer des pensées positives

En grand nombre et toutes aussi attentives.

C'est de vivre avec l'Amour

Qui est en nous et nous entoure.

L'Arbre de Vie

Arbre de Vie si magnifique
Tu es juste magique.
Ta représentation est unique
Elle est faite pour les personnes fantastiques.
Tu nous apportes l'Amour
Partout et pour toujours.
Tu es le symbole de la chance
Dans la plus grande bienveillance et bienfaisance.
Tu es également le vecteur de la bonne santé
Accompagnée d'une grande clarté et plein de gaieté.
Tellement universel et populaire
Que tu entres dans notre propre chaire,
Pour notre plus grand bonheur
Merci du fond du cœur.

La Fleur de Vie

Oh Fleur de Vie si saine
Te faisant connaître par un dessin de reine.
Avec toutes tes couleurs variées,
Ta forme si équilibrée
Qu'elle nous apporte la force
Et l'énergie venue d'une grande puissance.
Quel délice de te regarder !
Quel plaisir de te conserver
Tu es notre protectrice.
Tu es notre ancrage et notre créatrice
Pour tout cela un grand merci
Pour tout cet éclairci.

Le Vert

Oh toi splendide couleur verte
Toujours ouverte
A nous offrir cette belle nature
Qui nous épure
En nous transmettant ton extraordinaire
fraîcheur :
Qui se transforme en un sublime bonheur.
Toi qui nous rappelle la forêt
Sans arrêt
Afin de nous donner l'équilibre,
Qui nous rend libre.
Avec toute ton harmonie
Et ta grande énergie
Tu nous combles par ton calme
Pour profiter de notre âme.

Le Violet

Magnifique Violet
Toujours aussi complexe que complet,
De par ta majestueuse stabilité
Ta superbe créativité,
Qui nous transporte dans le grand
romantisme
Ainsi que dans le bel idéalisme.
Toi porteur de la pureté et de la paix
Nous donnant accès
A toute ta magie et tes mystères,
Remplis de lumière
Pour aujourd'hui et pour demain
Afin de poursuivre notre chemin.

Le Rose

Oh toi admirable couleur Rose
Qui nous rappelle une belle rose.
Le fait de te regarder
Nous envahit d'une sensation de sérénité
Et d'une étonnante tranquillité.
Tu nous éblouis.
Tu nous épanouis
De par toutes tes nuances
Qui nous remplit de belles espérances.
Toi autrefois faisant référence aux filles.
Aujourd'hui les garçons sortent de leur coquille
Lorsque l'on parle de toi
On est bien loin du désarroi.

L'Orange

Éclatant Orange couleur de la créativité
Et avec toute ta loyauté.
Tu représentes un magnifique rayonnement
Qui nous vient si soudainement
Que toute ton intelligence
Nous transporte dans la bienveillance.
Tu nous inondes de toute ta chaleur
Qui nous enveloppe de bonheur.
Tu nous transmets toute ta confiance
Dans ta plus belle bienfaisance.
Toi orange couleur si vive
Qui nous chavire.

Le Rouge

Toi nous rappelant les jolis coquelicots
Fleurissant dans un jardin clos.
Ton rouge si volcanique
Avec ton tempérament si authentique.
En toi est la force
Mais également la puissance et la
persévérance
Ainsi que ton imposante passion
Qui n'est qu'autre que ta mission :
Celle de nous transmettre une formidable
détermination
Et une remarquable émotion
En nous apportant l'énergie
Mais surtout une étonnante Vie.

Le Jaune

Jaune couleur de la chaleur et du soleil
Qui nous envoie tant de merveilles.
Comme un puissant dynamisme
Ainsi qu'un remarquable optimisme
Couleur d'une intense gaieté
Renforcée par une solide tonicité
Tu nous inondes d'espoir.
En nous transmettant ta douceur sans t'en apercevoir,
Avec toute ton intelligence
Et ta vaste expérience.
Jaune symbole du plaisir
Tu es là pour nous faire grandir.

Le Bleu

Oh toi couleur bleue si reposante
Et tout aussi apaisante.
Levant les yeux, tu es là.
A la mer, tu es encore là.
Quel immense bonheur
De sentir également toute ta fraîcheur
Dans la plus grande sérénité
Ainsi que dans toute ta sensibilité.
Tu nous transmets la confiance
Avec ta majestueuse bienveillance.
Tu es la nature mais
Également la Paix.
Tu es juste la grande création
Pour notre magnifique évolution.

Le Marron

Toi qui nous rappelle la Nature
Qui nous mature
Avec tes grandes valeurs :
Comme beaucoup de douceur,
En nous apportant la solidité
Ainsi qu'une forte stabilité
Et une solide assurance
Faite de bienveillance.
Également un autre point fort :
Comme un immense réconfort
Toi Marron couleur de la terre
Livre nous tous tes mystères.

Le Blanc

Oh Blanc resplendissant

Et si purifiant

Tu es l'équilibre

Qui nous rend libre.

Tu nous partages ton innocence

Ainsi que ta formidable aisance

Nous procurant de la lumière,

Pour nos profonds mystères.

Ta fraîcheur nous enveloppe si fort

Qu'elle nous apporte du réconfort

Avec toutes ces valeurs positives si variées

Nous te dédions un sublime trophée.

Le Chant

Son du corps et noble Chant
Existant depuis la nuit des temps.
Tu es si grandiose
Quand tu nous diffuses toutes tes choses.
Le chant est indispensable
Pour un bien-être inexplicable.
Chanter c'est juste
Pouvoir s'exprimer
Se libérer
Se délivrer
Tout cela dans la gaieté
Et dans la plus grande légèreté.

La Danse

Toi Danse si virevoltante
Et surprenante.
Avec tous tes mouvements
Aussi divers que variés,
Tu nous libères entièrement
Tu nous délivres également
De toutes nos tensions :
Courbatures et autres intrusions
De par toute ton élégance
Et ton immense bienveillance.
Tu rétablis notre équilibre
Qui nous rend libre.
Merci à toi formidable danse.

La Musique

Toi Musique si sensationnelle
Et tout aussi émotionnelle.
Tu fais vibrer notre esprit
Et notre corps ainsi réunis.
Tu es notre évasion
Pour vivre une belle compassion
Afin d'obtenir une magnifique éclosion.
Dans une grande dimension,
Tu ne manques jamais l'occasion
De nous montrer avec précision
Et persuasion
Que tu n'es qu'une propulsion
Et gigantesque explosion
Pour une remarquable ascension.

La Lecture

Oh toi belle littérature
Et grande ouverture
Qui nous propulse vers une merveilleuse
aventure.
Nous enseignant une généreuse culture
Avec une magnifique texture
Dotée de brillantes signatures
Composée d'une immense garniture
Telle que l'architecture
Ainsi qu'une étonnante structure
Afin d'obtenir une brillante armature
Pour notre présent et futur
Oh toi lecture remarquable créature.

L'Écriture

Écriture si majestueuse
Et tout aussi respectueuse.
L'Écriture c'est juste
Extérioriser son intérieur :
En écrivant des mots venant du cœur
Exprimer ses sentiments
Avec beaucoup de discernement.
L'Écriture procure un profond soulagement
Et un immense apaisement.
C'est un véritable travail
Pour nous remettre sur nos rails.
Elle est tout simplement sensationnelle
Ainsi qu'exceptionnelle.
Oh belle écriture de toujours
Remplie de mots d'Amour.

L'Énergie

Oh toi Énergie autant mystérieuse
Que miraculeuse.
Tu es notre force
Qui nous amorce
Afin d'être en forme.
Tu nous transformes
En une telle vivacité
Qu'elle nous apporte gaieté
Et une extraordinaire clarté
Qui se développe en une grande volonté.
Oh magnifique Énergie
Toi qui est la source de notre Vie.

La Confiance

Ah toi notre grande alliance
Qui est faite d'une immense abondance
De belles connaissances
Qui nous apporte de la bienveillance
Ainsi qu'une parfaite bienfaisance,
Aboutissant à une formidable croissance
Et d'une majestueuse délivrance
Accompagnée d'une généreuse dépendance
Et d'une admirable espérance.
Tu nous remplis d'une étonnante tolérance
Qui se transforme en une grande puissance
Faite de performance et d'assurance.
Oh toi merveilleuse confiance
Qui n'est qu'une mystérieuse clairvoyance.

La Ténacité

Toi qui possède une grande capacité
Et une immense facilité
A nous apporter une puissante vivacité
Dotée d'une impressionnante efficacité
Et tout cela dans la plus pure simplicité.
Sans la moindre toxicité
Ni férocité
Tu es juste une admirable véracité
Qui nous comble de complicité
Et d'authenticité.
Oh magnifique ténacité
Pleine de tonicité.

Le Théâtre

Te pratiquer sert à apprendre à se connaître
Mais également à s'admettre.
A paraître
Puis à comparaître
En nous faisant accroître
Tout notre être.
Pour une parfaite rencontre,
Entre notre centre
Et notre formidable bien-être,
Tu es l'orchestre
Qui nous apporte des choses à transmettre
Pour cette belle vie terrestre.

La Coccinelle

Magnifique Coccinelle
Revêtue de rouge et de noir.
Si petite et si belle,
Fais nous découvrir tout ton savoir.
Toi Petite bête du Bon Dieu
Qui sait tout de la vie.
Rien que de te regarder,on se sent mieux.
Et la vie nous sourit...
Que c'est bon d'être avec toi,
De te savoir sur notre toit.
Toi qui vole autour de nous
Et qui est là pour nous.

Les Coloriages

Le soleil

La lune

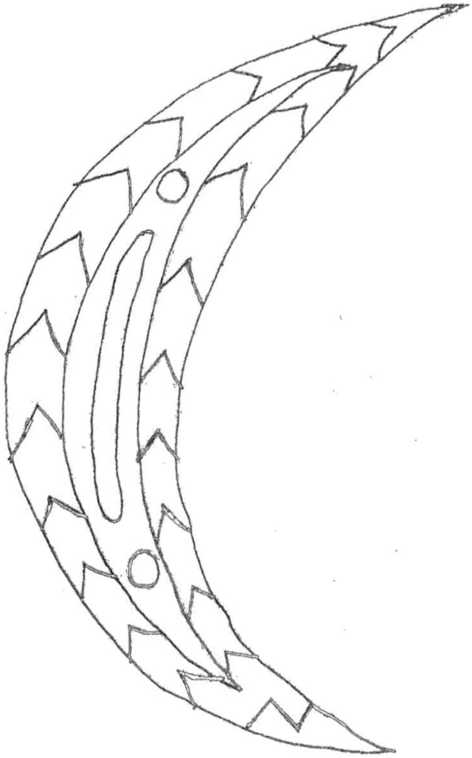

Les femmes

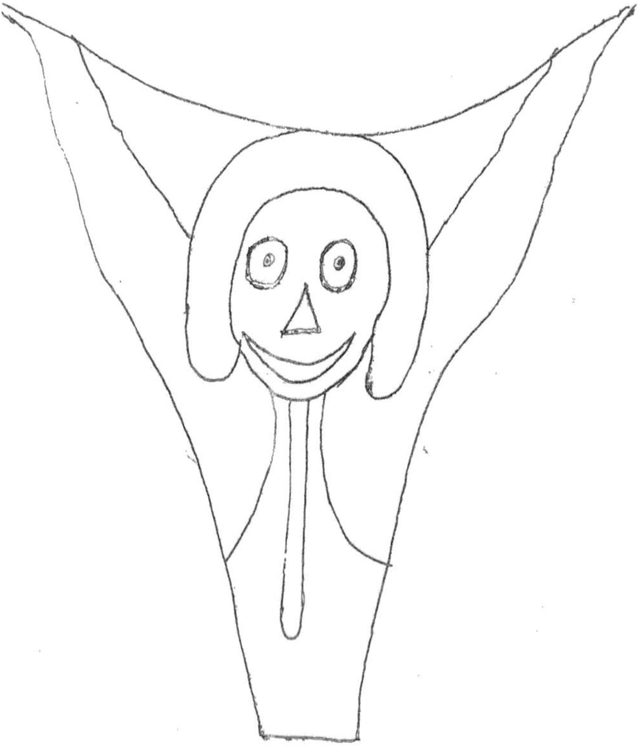

La plante du bien-être

L'Amitié

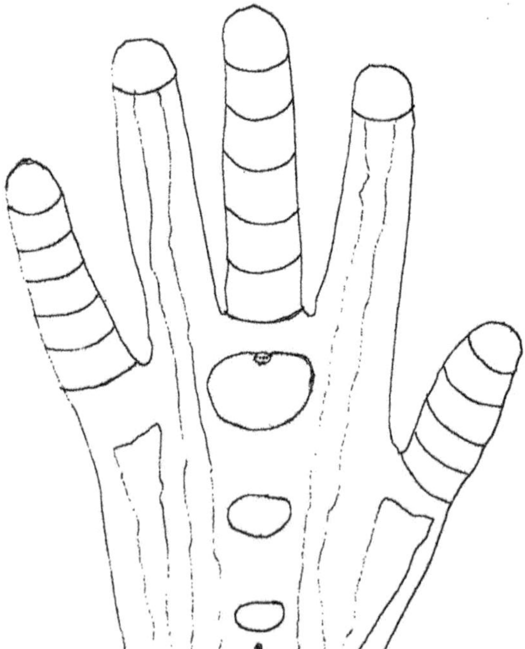

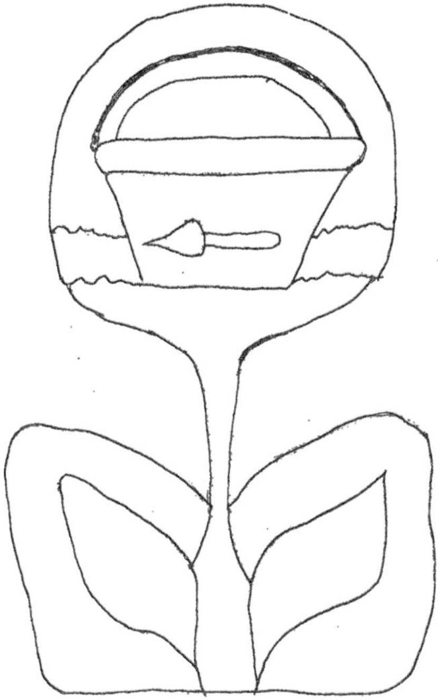

Voyages

Le pardon

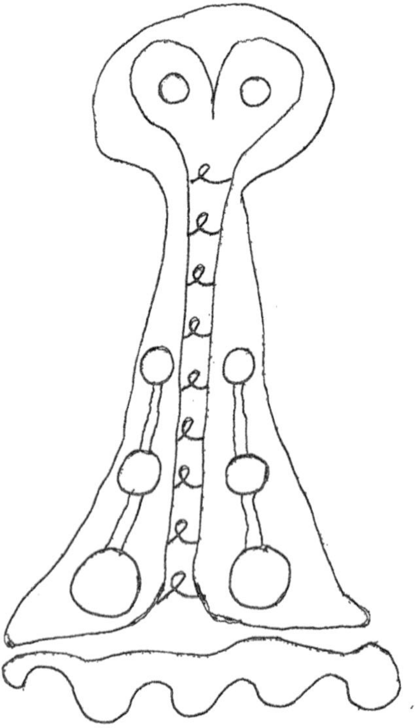

L'Amour

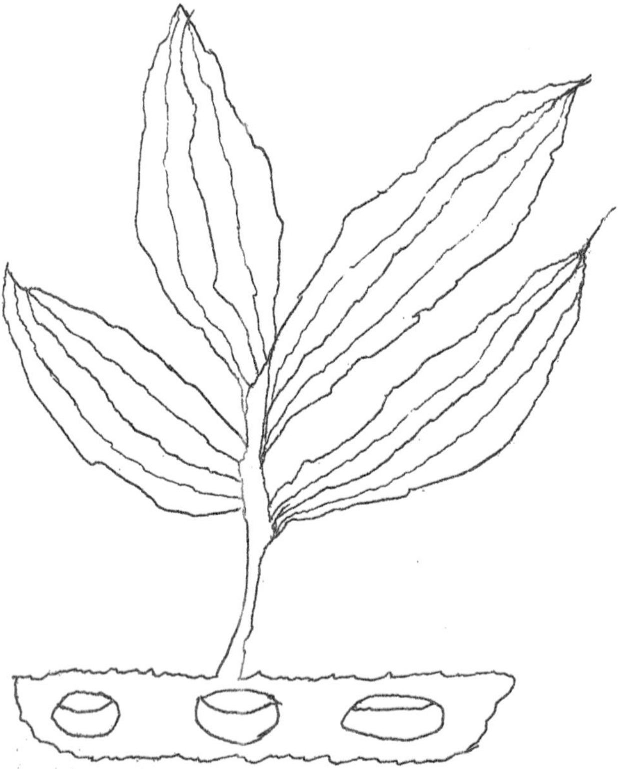

L'Automne

Le serpent

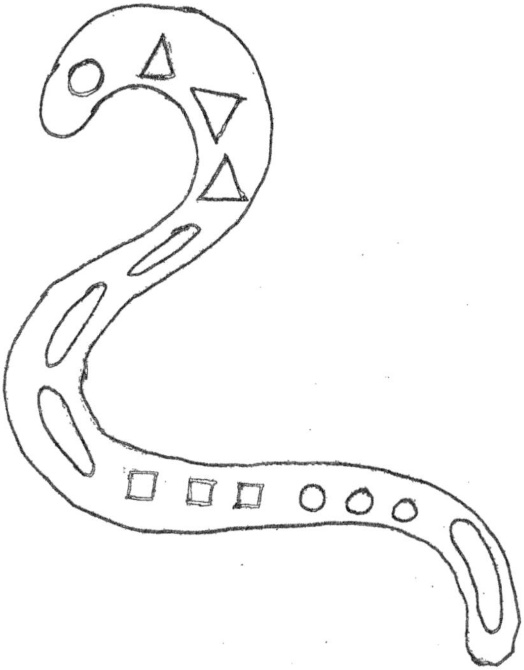

La paix

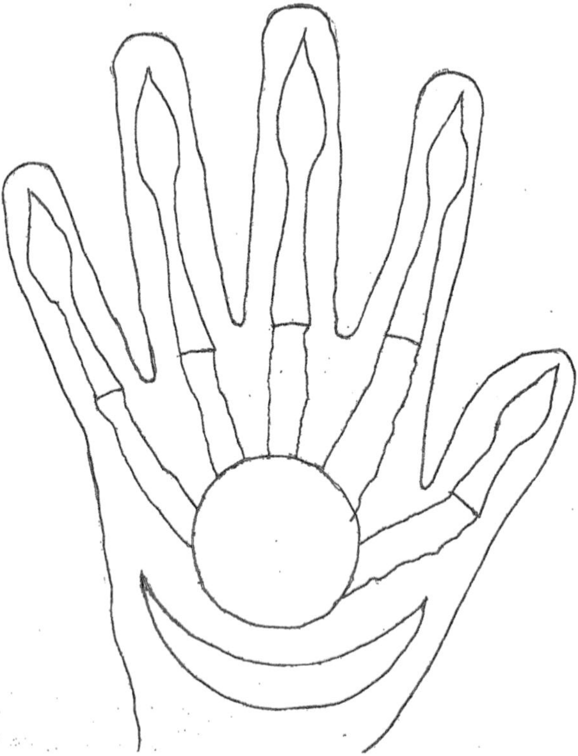

Le sourire

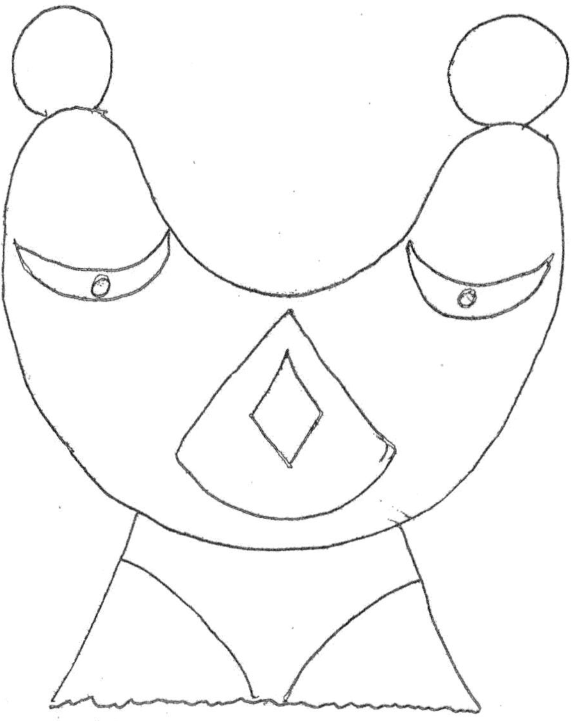

La douceur

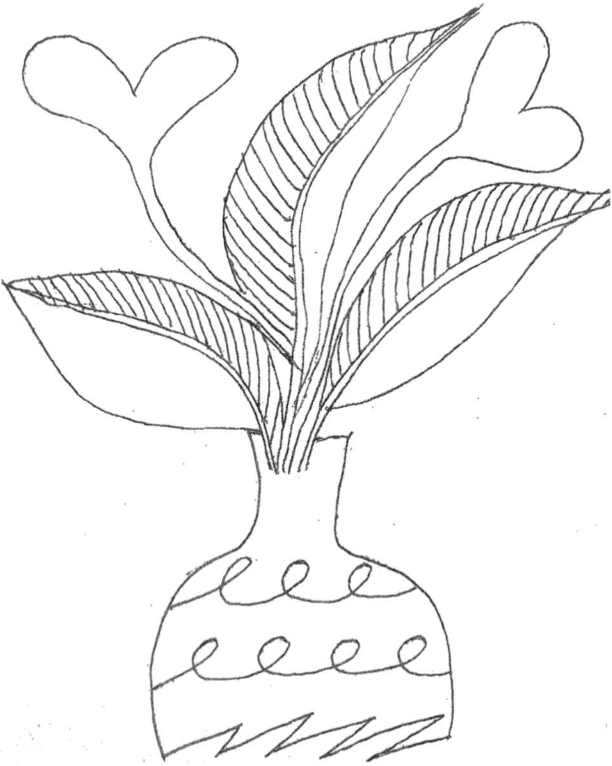

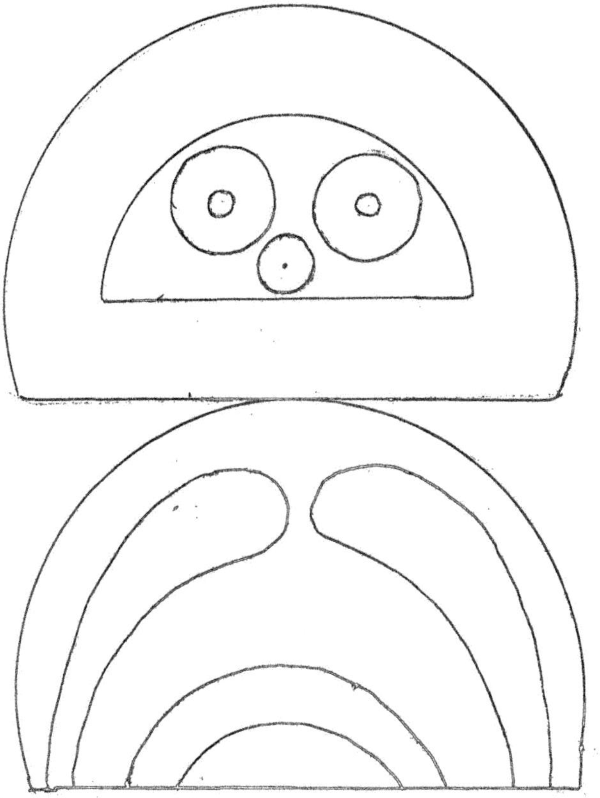

L'Espoir

La tolérance

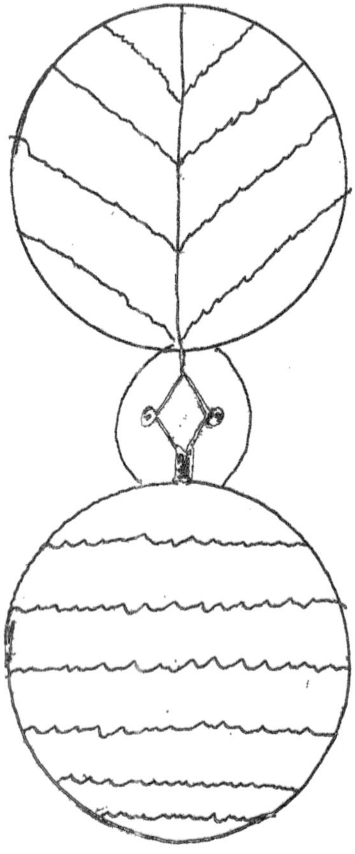

L'Ecoute

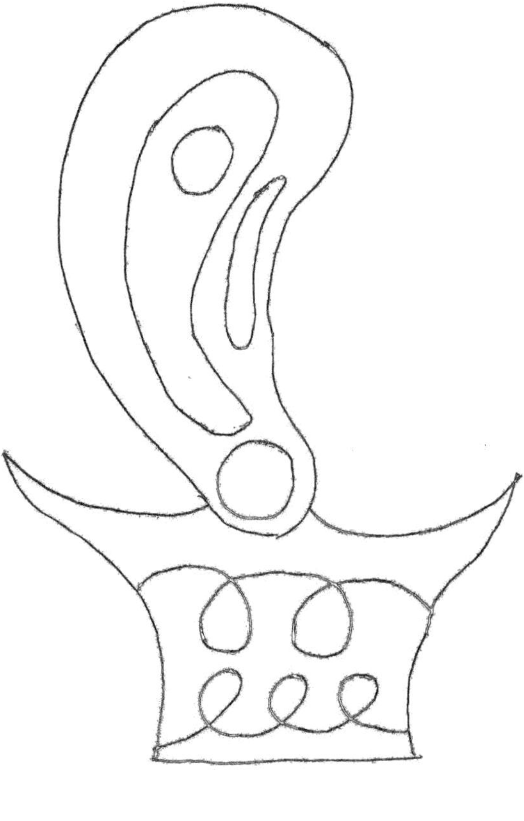

Les roses

La jonquille

Le muguet

L'Orchidée

Le trèfle

L'Olivier

Le lâcher-prise

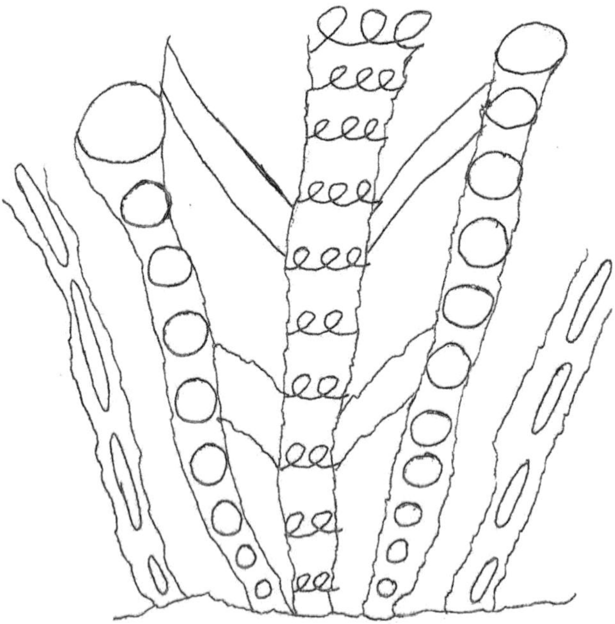

Le chagrin

La tendresse

La marguerite

Le violet

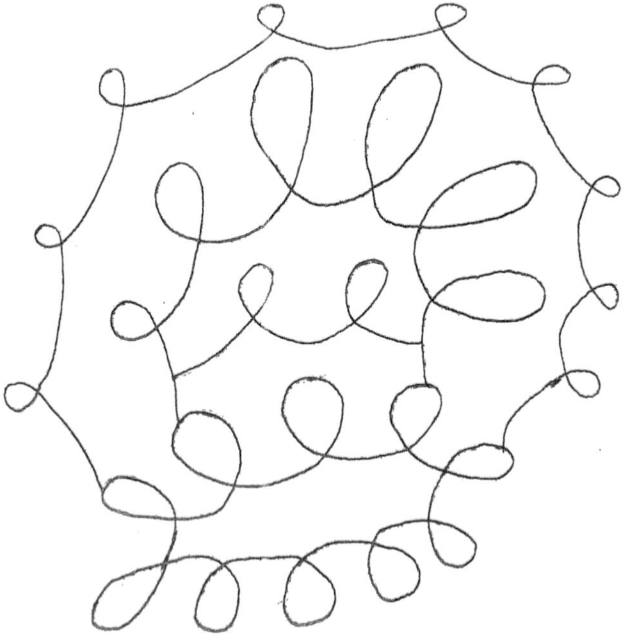

Le jaune

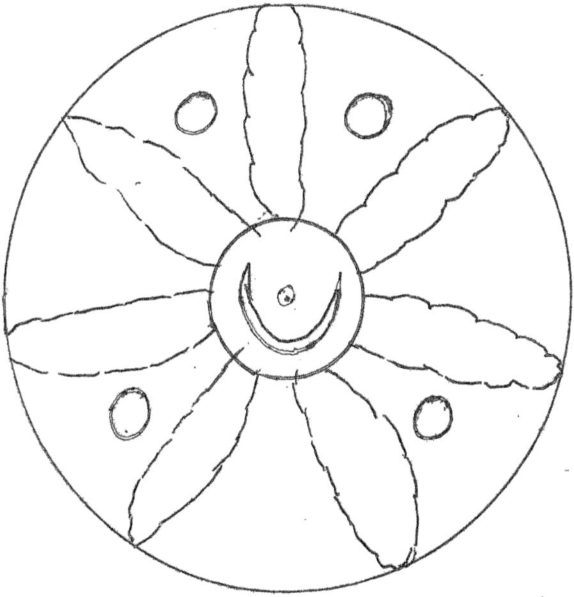

Le bleu

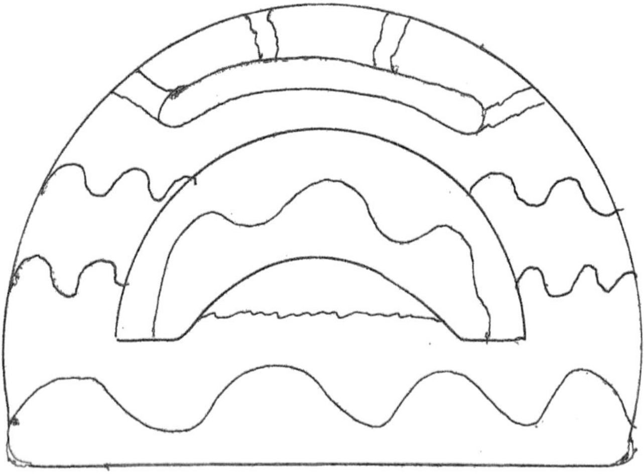

La musique

L'Ecriture

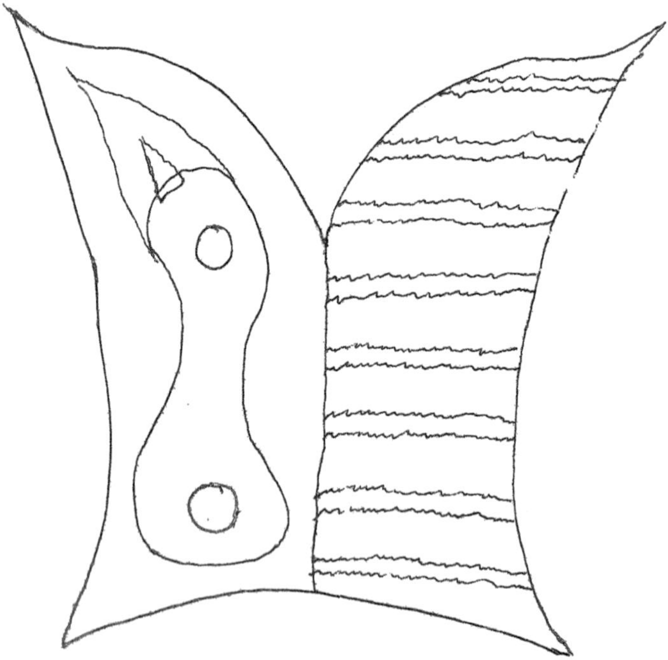

La gratitude

La confiance

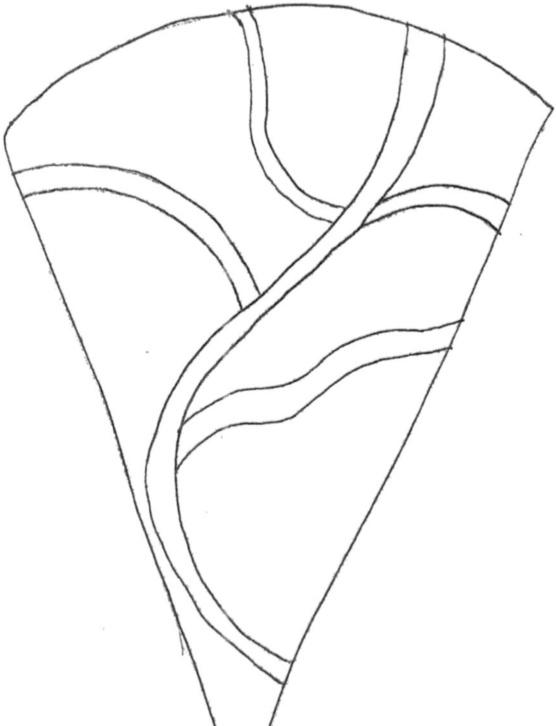

Le singe

Notre coeur

La nature

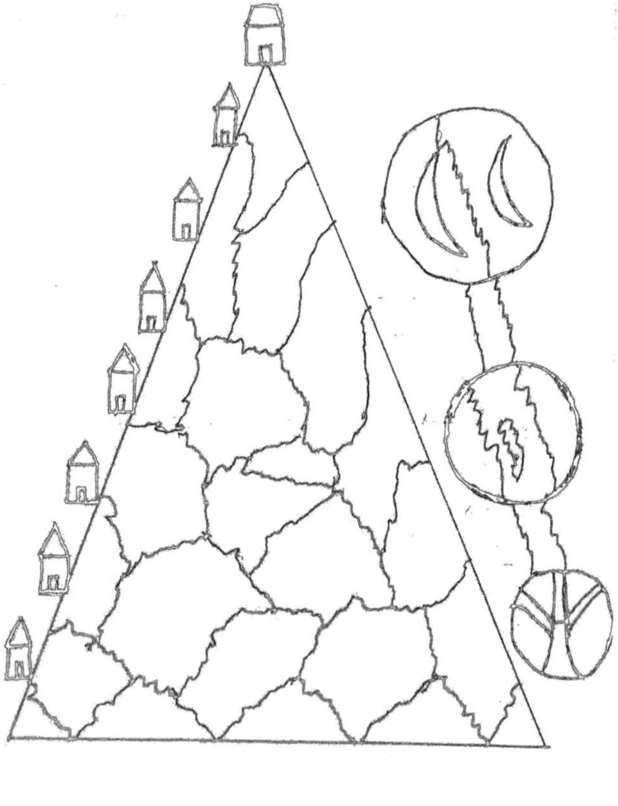

La Dame-Nature

L'Admiration

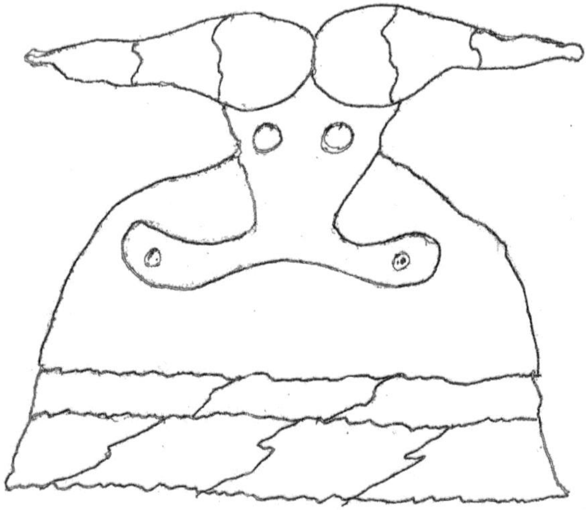

Le boeuf

Notre terre

Sommaire

Coloriages

Tout pour votre mieux-être

Édition : BoD - Books on Demand
12/14 rond-point des Champs-Élysées,
75008 Paris
Impression : BoD - Books on Demand,
Norderstedt, Allemagne

ISBN : 9782322381906
Dépôt légal : Août 2021